DE LA

RÉFORME

ÉLECTORALE,

PAR UN ÉLECTEUR DE BEAUGENCY.

———◆◆◆———

PRIX : 50 CENTIMES.

———◆◆◆———

A ORLÉANS,

Chez GARNIER, libraire, rue Royale, 94.

————

Novembre 1837.

DE LA

RÉFORME

ÉLECTORALE.

————◆————

Parmi les questions politiques qui ont
occupé la presse de toutes les opinions,
il en est une palpitante d'intérêt et d'ac-
tualité dans les circonstances où nous
sommes : je veux parler de la réforme
électorale.

Je commence par déclarer, et ma conviction est depuis long-temps formée à
cet égard, que notre système électoral
actuel est essentiellement vicieux. La révolution de juillet n'a fait que de bien
légéres concessions au principe démocratique qu'elle a implanté dans notre gouvernement, et puisqu'on proclamait en
droit la souveraineté du peuple, il ne fal-
lait pas en fait le réduire à une aussi

faible part dans les affaires du pays. Avant
d'examiner ce qu'il y aurait à faire pour
rentrer dans le vrai, dont on s'est écarté
depuis un demi - siècle, je parcourrai ra-
pidement les divers systèmes d'élection
qui se sont succédé jusqu'à nos jours.

Si nous remontions aux temps qui pré-
cédèrent l'établissement de la monarchie
française, nous verrions le peuple disposer
de tout, même du pouvoir royal, par ses
vœux exprimés en assemblées générales.
Quand du consentement tacite de la nation la monarchie élective se fut changée
en monarchie héréditaire, elle laissa au
peuple le droit de choisir ses officiers
municipaux. Les conquêtes de la féodalité
suspendirent pendant quelques siècles ce
droit imprescriptible, qui, rétabli par la
grande émancipation des communes, sous
Louis - le - Gros , vint s'absorber ensuite
dans le royal et glorieux despotisme de
Louis XIV. Toutefois, le peuple conservait
encore dans les états-généraux, convoqués
pour la première fois par Philippe-le-Bel,
et réunis depuis à diverses reprises par
ses successeurs, une part quelconque

d'action dans le gouvernement. Alors on ne distinguait ni cens d'élection ni cens d'éligibilité; tous les contribuables, quelle que fût la modicité de leur taxe, étaient appelés à émettre leurs votes. Le mode d'élection différait suivant les provinces; dans quelques-unes on avait adopté l'élection à deux degrés, c'est-à-dire la nomination d'électeurs qui choisissaient des députés; mais la plupart nommaient directement leurs représentans aux états-généraux. Tous les citoyens étaient tenus de se rendre aux assemblées primaires, et l'absence non justifiée était suivie d'une punition. Avant de disparaître pour toujours le parlement de Paris, ce boulevart parfois impuissant de l'ancienne liberté contre le pouvoir absolu, rendit l'arrêt célèbre de mars 1788, par lequel il reconnut, entre autres choses, «le droit exclusif de la nation « d'accorder des subsides à la monarchie « par l'organe des états-généraux, réguliè- « rement convoqués et composés. » Cet arrêt, malheureusement oublié ou peu connu de nos jours, prouve que nos ancêtres avaient des idées plus justes et plus

arrêtées que les nôtres sur les droits élec-
tifs du peuple. L'assemblée des notables
qui précéda la dernière convocation des
états-généraux se prononça pour l'élection à deux degrés, et ce mode, introduit
dans la constitution de 1791, devint le système électoral de la France; déjà pourtant
des dérogations furent apportées au suffrage universel, dont jouissait auparavant
le peuple, car il est remarquable qu'en
France nos chartes écrites ont toujours été
au-dessous de la grande charte tradition-
nelle sous le rapport des franchises électorales. Pour devenir électeur au premier
degré il fallut être citoyen actif, c'est-à-
dire porté sur les contrôles de la garde
nationale, et payer une contribution égale
au moins à trois journées de travail; une
imposition d'un marc d'argent, équivalant
à environ cinquante-quatre francs, fut exi-
gée pour un député. L'assemblée législative, en maintenant le double degré, sup-
prima ces restrictions et admit indistinctement tous les Français à l'élection, en
exceptant seulement les individus en état
de domesticité. C'était le corollaire de la

fameuse déclaration des droits de l'homme,
si belle en théorie, mais si funeste dans ses
résultats. La constitution de l'an VIII, pré-
ludant au despotisme impérial, obligea les
citoyens réunis en assemblées de canton à
choisir des candidats électeurs parmi les six
cents plus imposés au rôle de chaque département, en réduisit le nombre, les institua
à vie, et laissa au premier consul le droit
de prendre parmi ces candidats les électeurs qui lui conviendraient. Cet ordre de
choses fut suivi pendant le règne de Na-
poléon, qui, prétendant représenter à lui
seul le peuple, ne souffrit pas de pouvoir
rival à côté du sien. À sa chute le sénat
conservateur, dans le projet de constitution
qu'il offrit à Louis XVIII, proposa de
rendre sans conditions aux colléges électoraux le droit d'élire leurs représentans;
la restauration préféra le système anglais
tel qu'il existait avant la réforme. Elle ne
reconnut comme électeurs que les citoyens âgés de trente ans, payant trois
cents francs de contributions directes, et
comme éligibles que les hommes âgés de
quarante ans et payant un cens de mille

francs. L'acte additionnel aux constitu-
tions de l'empire changea peu de chose à
ce système, qui, faiblement atténué par
l'ordonnance du 13 juillet 1815, et par la
loi du 5 février 1817, vint aboutir au double vote consacré par la loi du 29 juin
1820. Quatre-vingt mille électeurs durent
alors représenter la France, et encore fu-
rent-ils fractionnés de manière à mettre la
petite propriété sous l'influence de la
grande, par l'institution des colléges d'arrondissement et de département. Charles X,
se renfermant dans l'art. 14 de la charte
comme dans la citadelle de la royauté,
voulut de sa pleine autorité, et par les ordonnances du 25 juillet 1830, donner aux
colléges de département seuls le droit
d'élire des députés. On sait comment il fut
puni d'avoir méconnu l'opinion publique,
qui le condamna du reste sans vouloir l'en-
tendre. Je ne parlerai pas du programme de
l'hôtel-de-ville, dont l'existence est encore
un problème, tranché par l'oubli dans lequel
il est tombé. Il faisait au droit d'élection
la plus large part ; mais la chambre des
députés, effrayée du canon de juillet et

pressée d'en finir avec la révolution, préféra se borner à modifier le système de
Louis XVIII. Abolissant le double vote,
contre lequel s'était élevée une clameur
générale, elle réduisit à deux cents
francs le cens des électeurs, à cinq cents
francs le cens des éligibles, et par une
adroite politique qui dénotait son origine,
accorda aux fermiers le tiers des contributions de leurs propriétaires, mais eut
grand soin d'écarter en même temps les
capacités. Tel est le système bâtard sous
l'empire duquel nous sommes appelés à
nommer des députés; et je vais m'attacher
à prouver qu'il est loin de répondre à cette
condition première de tout régime vrai-
ment constitutionnel, le gouvernement du
pays par le pays.

Avant tout il faut convenir d'un principe, principe fondamental de toutes les
sociétés organisées. La souveraineté a
primitivement résidé dans le peuple. Si,
dans l'intérêt de sa tranquillité, le peuple
a cru devoir en résigner l'usage au profit
de la royauté, il a toujours entendu se ré-
server le droit d'accorder ou de refuser

les subsides nécessaires à la marche gou-
vernementale. Or, ce droit que le peuple
ne peut exercer que par des mandataires,
produit d'une élection libre, appartient à
tous, et non pas à plusieurs.

En abaissant le cens et l'âge, la loi du 19
avril 1831 a fait des électeurs et rien de
plus. Les priviléges exclusifs de l'empire
et de la restauration sont restés les mêmes;
avant 1830 on était d'accord que quatre-
vingt mille électeurs ne représentaient
pas suffisamment une population de trente
millions d'hommes, et on a cru faire beaucoup en doublant seulement ce nombre.
On a reproché à la restauration son double vote, et par l'adjonction des fermiers
on a rendu à l'aristocratie terrienne ce
qu'elle était menacée de perdre. Comment
veut-on en effet que des laboureurs, occupés toute l'année de travaux manuels,
étrangers aux affaires publiques, puissent
se prononcer entre le mérite comparatif
de candidats dont à peine ils connaissent
le nom? Ils sont malgré eux forcés de su-
bir les inspirations de leurs propriétaires
ou les séductions de l'intrigue, et les élec-

tions, au lieu d'être la libre expression du vœu de la majorité, ne sont que trop souvent le résultat de l'influence qui a triomphé.

Certes, je suis loin de refuser à la propriété la large part qui lui revient dans l'administration de la chose publique; mais pourquoi cette part s'arrêterait-elle à la grande propriété formulée par un cens de deux cents francs, et ne descendrait-elle pas à la petite? Celui qui possède peu n'at-il pas le même intérêt que celui qui possède beaucoup, et comment quelques francs de plus ou de moins peuvent-ils établir une si grande différence entre ce que j'appellerai, dans le style de l'assemblée législative, les citoyens actifs et les citoyens passifs? Ceux qui n'ont pas voulu de pairs par droit d'hérédité ont créé des électeurs héréditaires, car en fixant un cens, et en excluant les capacités du sein de nos colléges, on a constitué une oligarchie héréditaire. On a proclamé le dogme de la souveraineté du peuple, puis on a décidé que le peuple ne serait qu'une très-faible partie de lui-même, un nombre déterminé

d'hommes investis de ses droits par les
hasards de la naissance ou de l'industrie;
la puissance électorale a été pesée comme
dans un trébuchet ; il a suffi d'un gramme
de moins pour être rejeté, et la loi a pu
dire à celui qui paie deux cents francs :
« Toi, tu es capable; » à celui qui paie le
chiffre immédiatement au-dessous : « Toi,
tu es incapable. »

En m'élevant avec force contre un pa-
reil système je prétends défendre , non la
cause du radicalisme , mais celle de la
monarchie; l'abaissement du cens et l'adjonction des fermiers ont fait naître dans
nos colléges une sorte de majorité flottan-
te qui appartient presque toujours au plus
actif ou au plus influent, et nous ne pou-
vons le dissimuler, l'opinion radicale est
plus active que l'opinion dynastique. Elle
agit plus aisément sur la masse non éclairée des électeurs, soit par un appel à leurs
sympathies, soit en flattant cette répu-
gnance instinctive de l'homme contre
tout ce qui se trouve au-dessus de lui.
Plus nous irons en avant, plus les choix
des assemblées électorales porteront un

cachet qui pourrait devenir fatal à la royauté, et le trône périrait comme en ont péri d'autres avant lui par l'excès même des précautions prises pour le conserver.

Tel est le mal ; voyons maintenant le remède.

Les journaux des deux oppositions anti-dynastiques , dans un intérêt commun, mais dans un but bien opposé, réclament depuis long-temps le suffrage universel comme le seul moyen de corriger les vices de notre législation. C'est une erreur ou un mensonge, et je vais démontrer que le suffrage universel comme ils l'entendent accroîtrait les maux de la chose publique au lieu de les réparer.

En appelant indistinctement tous les Français dans les colléges électoraux, on augmenterait d'une manière effrayante la masse des hommes qui votent sous un patronage quelconque. L'esprit d'intrigue ou d'influence trouverait à s'exercer dans un plus vaste champ, et nous aurions bien mieux encore le spectacle de ces élections disputées à la course, mendiées comme une aumône ou imposées comme une con-

dition de bail. Dans nos provinces, sur
mille habitans qui seraient alors dotés du
droit d'élire un député, je pose en fait
qu'il y en aurait à peine cent en état de
remplir ce devoir avec connaissance de
cause. En Amérique chaque citoyen, à
peu près, lit tous les matins son journal et
regarderait comme une honte d'ignorer la
conduite politique des affaires du pays.
En France il n'en est point ainsi, l'indif-
férence ou la préoccupation des intérêts
matériels ont rendu la classe industrielle
et agricole complètement étrangère aux dis-
cussions de la presse quotidienne. Chacun
laboure son champ, vend ses denrées, dé-
bite ses marchandises, sans s'inquiéter de
ce qui se passe au-dessus de sa sphère
d'action. Si quelques docteurs de village
reçoivent un journal, c'est pour être au
courant des faits et non des doctrines. Une
immense majorité de citoyens n'a jamais
connu ces distinctions inventées par la
presse, de tiers-parti, de doctrinaires,
d'opposition dynastique ou radicale. Leurs
opinions à eux se résument dans le drapeau qui flotte au haut de leur clocher.

Tant qu'il y maintiendra ses couleurs ils s'occuperont peu de la marche du gouvernement, et redouteront certainement plus le despotisme du maire de la commune que celui du chef de l'état.

Tels sont pourtant les hommes qu'une imprudente théorie voudrait envoyer dans nos assemblées électorales pour élire directement des représentans. Ils y deviendront la proie du premier qui voudra les exploiter, et Dieu sait avec quelle avidité les faiseurs d'élections s'empareront d'une majorité qui décidera toujours par sa force numérique du sort d'une nomination. Un propriétaire se rendra aux colléges escorté de ses vignerons ou de ses fermiers, un notaire de ses cliens de la campagne, un maire des habitans sur lesquels il exerce, par sa position, une sorte d'influence, et celui-là sera sûr de réussir qui en entraînera le plus à sa suite. On fera ce qui déjà se fait malheureusement, ce que j'ai vu et ce que je dis avec regret, *quorum pars magna fui*, on ira rassembler de porte en porte les laboureurs, les artisans, les ouvriers, tous ceux enfin qui, dans l'ignorance de leurs fonctions, ont besoin de s'attacher à un chef de file ; on se disputera leurs voix, la bataille électorale se décidera à coups de scrutins commandés à l'avance, et les forces intelligentes se trouveront parfois écrasées sous la masse des forces qui ne raisonnent pas. Au milieu de ces scènes d'intrigue et de confusion je me demande ce que deviendra le but que semblent se proposer les partisans du suffrage universel, c'est-à-dire la représentation complète de toutes les classes. Le peuple, au nom duquel on parle ; le peuple, qu'on met en avant et qui souvent n'est qu'un prétexte, le peuple, dis-je, proprement dit ne sera pas représenté, parce que dans la plupart des arrondissemens il est obligé d'aller prendre au chef-lieu ou dans les cantons éloignés les hommes dont il a besoin. Si dans une localité se rencontre par hasard un citoyen éclairé, dévoué aux intérêts de son pays, justement apprécié par ceux qui l'entourent, possédant toutes les qualités qui peuvent faire un bon député, ce qu'enfin avec une ridicule impertinence

certains journaux de l'opposition appellent
une notabilité de clocher, sa candidature,
accueillie dans son canton peut-être, sera
repoussée par la jalousie des cantons
voisins, ou inconnue dans les autres.
D'ailleurs, parmi les hommes honorables
qui vivent paisiblement au sein de nos
campagnes, livrés aux douceurs du repos
ou bien aux travaux utiles de l'industrie
agricole, il en est bien peu qui consentissent
à échanger le bonheur de la vie domestique
contre les orages de la vie parlementaire (1).
C'est donc presque toujours au chef-lieu
d'arrondissement et de département, et
par conséquent hors du cercle étroit dans
lequel se meuvent les habitans du bourg,
du village, du hameau, que s'annoncent
les candidats à la députation. Or, ces candidats seront totalement étrangers à la
grande majorité des électeurs, et pour
résumer dans des noms propres la preuve
de ce que je viens d'avancer, voilà

(1) Le canton de Beaugency en a fait cette année la triste expérience, et tous mes concitoyens devineront sans peine celui
que nos vœux unanimes eussent porté à la députation, s'il
avait accepté la candidature qui lui était offerte.

M. Michel de Bourges qui se présente aux
électeurs des campagnes environnant
Orléans ; lequel d'entre eux connaît
M. Michel? Personne. Il faut donc qu'ils
aillent, sur la foi d'un journal, voter de
confiance pour M. Michel, qu'ils n'ont
jamais vu, dont ils n'ont jamais entendu
parler, et qu'ils prendront au hasard,
parce qu'il est recommandé par une feuille
influente.

A ces faits, dont l'évidence ne saurait
être niée par quiconque habite les provinces et en connaît l'esprit, on me ré-
pondra par des théories, on me rappellera
les lois fondamentales de la Grèce et de
Rome, on me citera surtout cette phrase
célèbre de Montesquieu, dont on a tant
abusé. « Le peuple est admirable pour
« choisir ceux à qui il doit confier une
« part de son autorité. Il n'a à se déter-
« miner que par des choses qu'il ne peut
« ignorer ou des faits qui tombent sous
« ses sens. Si l'on pouvait douter de la
« capacité qu'a le peuple pour discerner
« le mérite, il n'y aurait qu'à jeter les
« yeux sur cette suite continuelle de choix

« étonnans que firent les Athéniens et les
« Romains, et qu'on n'attribuera sans dou-
« té pas au hasard (1). » D'abord il n'y a pas
à comparer la petite république d'Athènes
et des commencemens de Rome, où tout
le monde se connaissait sans doute, avec la
vaste monarchie française, et les mœurs
austères d'une république qui s'élève avec
les mœurs plus relâchées d'une nation à
l'apogée de sa richesse et de sa gloire.
Ensuite je tombe d'accord avec Montesquieu, que le peuple, pourvu qu'il soit
livré à lui-même, soustrait à l'influence de
la coterie ou de l'esprit de parti, qu'il
comprenne comme un devoir la nécessité
d'aller aux élections, fera d'excellens
choix dans la sphère d'action qui lui
appartient. Il désignera sans se tromper
le maire qui lui inspirera de la confiance,
les conseillers municipaux qui veilleront
avec soin aux intérêts de la commune,
peut-être même le juge de paix dont l'in-
tégrité et l'esprit de conciliation lui seront
parfaitement connus. C'est autour de lui,

(1) *Esprit des lois*, tome 1ᵉʳ, page 10.

parmi les hommes qui vivent sous ses yeux,
qu'il est appelé à faire ses choix ; mais
n'allez pas plus loin ; ne lui demandez pas,
comme à Rome et à Athènes, de nommer
des généraux, des magistrats, des consuls,
le peuple en est incapable, ou bien les
choix qu'il pourra faire ne seront pas son
ouvrage, mais celui des meneurs qui
chercheront à le diriger.

Quant à faire l'éducation politique du
peuple et à le mettre en état de prendre
une part directe aux élections des députés,
c'est chose difficile, pour ne pas dire impossible. Quoi qu'en ait dit tout récem-
ment un orateur connu jadis en Angleterre
par son attachement à la cause de la
réforme, lord Durham, on ne fait pas
l'éducation nationale d'un grand peuple
comme celle d'un particulier. Je convien-
drai volontiers que le peuple est plus
éclairé aujourd'hui qu'il n'était il y a cin-
quante ans, en ce sens qu'il comprend
l'étendue des droits que lui ont conférés
nos révolutions, et qu'il saurait résister à
l'acte arbitraire qui blesserait ses intérêts
privés ; mais si l'acte dont je parle, s'exer-

çant dans les hautes régions de la politique, ne le touche pas immédiatement,
soyez convaincus qu'il s'en inquiétera peu.
Le peuple, et nous entendons toujours par
ce mot la classe laborieuse des artisans,
des vignerons, des ouvriers, eût volontiers laissé passer les ordonnances de
juillet, dont la portée était au-dessus de
son intelligence. Mis en mouvement par
la classe moyenne et éclairée, il s'est bra-
vement battu à Paris, parce qu'il est toujours en humeur de se battre, et dans son
caractère national d'être brave. Mais si
les journalistes et les imprimeurs, en lan-
çant sur le pavé une foule d'ouvriers sans
travail, n'eussent pas donné le signal et
l'exemple de la résistance armée, croit-on
réellement que le peuple dont nous par-
lons se serait battu ? Je n'hésite pas à me
prononcer pour la négative, et la meil-
leure preuve que le peuple n'y compre-
nait rien, c'est qu'il criait à tue-tête vive
la charte en renversant une dynastie,
oubliant qu'il violait ainsi lui-même le
principe d'irresponsabilité royale écrit
dans cette charte, qu'il croyait défendre.

Sans doute, avec l'impulsion donnée aujourd'hui à l'enseignement primaire, le peuple deviendra plus éclairé; mais il y a loin de là à une éducation politique qui lui apprenne à juger du mérite des candidats qui lui seront inconnus, et je doute que jamais il y parvienne! Pour étudier la marche des affaires publiques et apprécier justement la portée des hommes d'état qui s'en occupent, il lui faudrait un temps qu'il n'a pas, une aptitude que lui refusent ses travaux habituels. Je vais plus loin même, et je prétends qu'une pareille faculté chez le peuple serait dangereuse pour lui, car il ne pourrait venir à bout de l'exercer qu'aux dépens de sa tranquillité intérieure et de ses intérêts domestiques. Les troubles fréquens qui agitèrent les républiques où le peuple prenait une part trop directe au gouvernement du pays, expliquent et justifient la hardiesse de ma pensée.

La réforme électorale telle que la veulent la *Gazette de France* et le *National* serait donc loin de répondre aux besoins de notre époque, et nous mènerait plutôt au despo-

tisme qu'à la liberté. On me demandera
alors quel est mon système et comment je
peux concilier le droit sacré de suffrage et
d'élection avec les dangers dont je viens
de tracer le tableau. Je dirai que je n'ai pas
de système, et que je veux rentrer simple-
ment dans la vraie définition du suffrage
universel, comme l'avait si bien compris
la constitution de 1791, et comme il existait en partie sous l'ancienne monarchie,
L'ÉLECTION A DEUX DEGRÉS.

Je conçois parfaitement que les habitans
d'une ville ou d'un bourg, incapables
en masse de décider par eux-mêmes du
choix d'un député, se réunissent en assemblées primaires, et placent leur confiance
dans des mandataires qu'ils chargeront de
ce soin. Je conçois également que ces mandataires, pris généralement parmi les
hommes les plus éclairés de la localité, se
rassemblent à leur tour et s'acquittent, au
chef-lieu de département, de la mission qui
leur est confiée. Le principe électif a suivi
une marche toute rationnelle, et les électeurs du premier degré ne sont plus obli-

gés de voter au hasard. Si l'esprit public
de la cité ou du village porte l'assemblée
communale vers une tendance quelconque, elle s'adressera aux hommes de cette
tendance, les choix des députés porteront
la même couleur, et la majorité qui se
formera dans la chambre finira par représenter en France l'opinion générale, et
non l'opinion de cent mille électeurs.

Dans quelques conversations particu-
lières on m'a opposé l'esprit des provinces
de l'Ouest et du Midi, en me reprochant
de n'avoir envisagé dans les résultats de
l'élection à deux degrés que les provinces
du Nord et de l'intérieur. On prétend que
surtout dans l'Ouest l'influence seigneuriale domine encore et pourrait agir sur
les élections d'une manière fatale à la
liberté. Je répondrai en premier lieu qu'en
présence d'une mesure aussi importante
que la réforme électorale il faut envisager
l'ensemble de la nation, et non quelques
populations isolées. J'ajouterai ensuite
que cette influence, que je ne conteste pas
entièrement, doit agir plus puissamment
dans les colléges actuels qu'elle ne le ferait

dans les assemblées primaires. Avec notre système électoral l'ancien seigneur de village a autant de voix qu'il a de fermiers, tandis que ces voix se perdront dans la foule par l'élection à deux degrés. Nos grands propriétaires auront pour eux, j'en conviens, les ouvriers qu'ils emploient, ou les marchands qui les fournissent ; mais par ce motif même ils auront contre eux tous ceux avec lesquels ils n'entretiennent aucune relation. Et qui ne sait d'ailleurs qu'il existe dans le peuple une sorte d'hostilité jalouse contre les hommes placés au-dessus de lui. N'avons-nous pas vu après la révolution de juillet la plupart des propriétaires exclus des fonctions municipales ? Ne voyons-nous pas tous les jours les choix de la garde nationale se chercher dans les rangs de la démocratie ? L'influence seigneuriale, balancée déjà dans les assemblées municipales, sera nulle dans les assemblées primaires, tandis qu'au moyen de l'adjonction des fermiers, ce double vote de la révolution de juillet, il est impossible qu'elle ne se fasse pas sentir dans les colléges électoraux tels qu'ils sont aujourd'hui composés.

D'autres m'ont objecté l'ignorance ou l'insouciance du peuple ; ils m'ont rappelé sa tiédeur à paraître aux élections des conseils municipaux ou de la garde nationale, et m'ont demandé à quoi servirait de le charger d'une élection de plus. Singulier argument! Comme si le peuple pouvait être privé d'un droit, parce qu'il lui plaît de n'en pas user! Alors rayez d'un trait de plume tout le système représentatif. A quoi servent les élections municipales ? le peuple n'y va plus. A quoi sert l'institution de la garde nationale ? le peuple s'en dégoûte. A quoi servent les colléges électoraux ? un grand nombre d'électeurs se dispensent d'y paraître. On irait loin avec les conséquences d'une pareille manière de raisonner, et nos libertés seraient bientôt confisquées, si la liberté pouvait ainsi se prescrire par le non usage.

Il en est également qui s'effraient de l'élection à deux degrés comme d'un puissant moyen de reconstituer l'aristocratie ; mais par une bizarre anomalie d'idées les

mêmes hommes s'en effraient encore
comme pouvant nous ramener par ses
choix aux malheurs d'un second 10 août
1792. De deux choses l'une pourtant, si
l'aristocratie y gagne, la royauté ne saurait
y perdre; si la démocratie au contraire en
profite, c'est que l'aristocratie n'aura pas
l'influence qu'on redoute. J'ai déjà prouvé
que l'aristocratie proprement dite a perdu
son empire sur la masse de la nation ; il est
une autre aristocratie qui lui a succédé,
celle de la classe bourgeoise. Je concède
que la plupart des choix sortis du premier
degré d'élection seront pris dans ses rangs;
mais quels dangers peut offrir au trône ou
à la liberté une aristocratie qui, s'appuyant
sur le sol et l'industrie, est essentiellement
attachée au maintien de l'ordre? Quant à
une nouvelle république, je la regarde
comme impossible en France après la
triste expérience que nous avons faite de
la première, et je ne puis croire qu'elle sor-
tirait des choix de la réforme électorale.
Le droit d'élection aux états généraux sub-
sistait sous l'ancienne monarchie, et je ne
vois pas qu'il y ait eu un bouleversement

général chaque fois que le peuple en a fait usage. Qu'on ne dise donc pas que sous ce rapport nous sommes restés en arrière de nos pères, et que la liberté recule à mesure que la civilisation avance.

Un avantage déterminant qui se rencontre dans l'élection à deux degrés, c'est que l'intrigue n'aura presque aucune prise sur les électeurs du second degré. Au point où nous en sommes venus, il n'est personne d'assez hardi pour prétendre que parmi les gens éclairés il dispose d'un certain nombre de voix. J'adjure tous ceux qui se sont occupés d'élections de déclarer sous quels toits ils ont été briguer des suffrages. L'homme qui tient un rang dans la société, qui s'occupe un peu des affaires publiques, qui s'est formé une opinion, n'a pas besoin qu'on lui indique un vote; aussi ce n'est pas à lui qu'on ose s'adresser, mais à la classe d'électeurs dont j'ai signalé la fausse position dans les colléges; c'est près d'elle seule que l'influence et l'intrigue cherchent à jouer leur rôle, et comme elle n'existera plus ou ne sera du moins qu'en bien faible minorité dans les assemblées du

second degré, je maintiens que les élections rentreront dans le caractère de liberté et d'indépendance qui leur est néces-
saire pour être l'expression de la volonté
nationale.

Il me reste maintenant à formuler les
bases de la réforme électorale telle que je
la comprends, et pour cela je ne vois rien
de mieux que de revenir en partie aux prin-
cipes de la constitution de 1791. Tout citoyen français âgé de vingt-cinq ans,
payant à l'état une contribution quelconque ou une patente, serait admis dans
les assemblées primaires au premier degré;
il n'y aurait pour les électeurs du second
degré aucun cens d'éligibilité. La seule
condition serait de savoir lire et écrire, et
d'être inscrit au rôle des contributions
foncières de la commune. Tous les électeurs du second degré se rassembleraient
à leur tour au chef-lieu d'arrondissement,
et nommeraient un ou plusieurs députés,
selon l'importance de leur nombre. Le cens
d'éligibilité serait de même aboli pour ces
derniers, qui ne seraient appelés à justifier
d'autres titres que de leur qualité d'élec-

teur. Je sais tout ce qu'on peut dire contre
un système aussi large; mais avant tout il
faut être conséquent avec soi-même, et il
n'est pas de réforme possible avec le maintien d'un cens d'éligibilité ou d'électorat.
Cette grande question, si vivement débat-
tue dans l'assemblée constituante, fut
tranchée en faveur du peuple, et on se
tromperait beaucoup en attribuant à cette
solution démocratique les choix de la con-
vention, dont une tout autre cause étrangère à mon sujet prépara la réunion et pro-
duisit les crimes.

La réforme du cens conduit naturelle-
ment à l'obligation de salarier les députés
et d'exclure de la chambre les fonction-
naires publics. Ces deux points, en dehors
de la réforme électorale, et qui rentrent
dans la réforme parlementaire, sont assez
importans pour mériter plus tard un examen particulier.

Voilà, selon moi, les principaux jalons
qui doivent marquer le chemin de la réforme, et comme je n'ai pas la prétention
de rédiger une loi électorale complète, je
laisse à de plus habiles que moi le soin de

rattacher au grand principe de l'élection à
deux degrés toutes les dispositions de dé-
tail qui en découlent.

Avant de quitter ce sujet il ne me
semble pas hors de propos de jeter un coup-
d'œil sur l'état de cette question vitale
en Angleterre. Sous la vieille constitution
anglaise les qualités requises pour devenir
électeur étaient de posséder un fonds libre
de la valeur de quarante schillings de re-
venu pendant un an au moins avant l'élection (1). La représentation était en outre
si singulièrement répartie que de simples
bourgs avaient le droit d'envoyer à la
chambre des communes un ou plusieurs
députés, tandis que de grandes villes ma-
nufacturières telles que Manchester, Bir-
mingham, Leeds et autres en étaient pri-
vées. Du reste pas de scrutin secret; l'élection avait lieu, comme aujourd'hui, d'abord
par la levée des mains, ensuite par le poll,
s'il était réclamé, c'est-à-dire par l'inscrip-
tion sur un registre particulier du vote de
chaque électeur. Les bourgs si connus sous

(1) Delolme, tome 1er, page 57.

le nom de bourgs-pourris ont été long-
temps la honte de l'Angleterre. La corrup-
tion était tarifée chaque année, et les candidats savaient, à une guinée près, ce que
devait coûter leur élection. Un tel état de
choses ne pouvait durer dans un pays libre
et civilisé; sous le ministère de lord Grey
l'Angleterre entra dans la voie de la réforme. L'inégalité de la représentation
disparut, le droit de suffrage fut étendu à
un plus grand nombre de citoyens; mais
les ardens réformistes, à la tête desquels
se trouvent Rœbuck, Thompson, Bowring,
ne se contentent pas de ces concessions ;
ils demandent le suffrage universel, le
scrutin secret, les parlemens annuels, la
réforme complète des institutions civiles,
judiciaires et commerciales, en un mot, la
substitution d'un gouvernement démocratique au gouvernement aristocratique qui
régit l'Angleterre. Car, pour le dire en
passant, l'Anglais, qui se vante d'être libre
parce qu'il peut boxer avec un lord dans
la rue ou briser ses vitres à coups de pierre,
est l'esclave des vices de sa constitution.
L'avancement dans l'armée, réservé à la

seule aristocratie, est fermé à la classe moyenne, et les Anglais délibèrent encore s'ils continueront à donner le fouet à leurs soldats comme moyen de discipline, quand la seule menace d'un châtiment manuel en France suffirait pour y produire une révolution. Sous quelques points les réformistes purs sont appuyés par le parti radical modéré, dont lord Durham s'était posé comme le chef, et qu'il commence à abandonner. La plupart des wighs, représentés par le ministère Melbourne, et les torys modérés, dirigés par lord Wellington et sir Robert Peel, repoussent les innovations qu'on veut introduire dans la constitution ; mais l'œuvre est commencée, et il faudra qu'elle s'achève. Le parti conservateur, par sa résistance aux réformes les plus indispensables, fortifie l'opinion populaire, et, par son âpreté à défendre les priviléges de l'aristocratie, compromet jusqu'à la royauté. Il serait difficile d'assigner l'époque où la réforme triomphera, car l'or des torys a jeté plus d'un poids dans la balance ; mais elle triomphera un jour, comme l'opinion libérale, si faible en France dans

3

les commencemens de la restauration, a
triomphé au bout de quinze ans de lutte,
tant il est vrai qu'il est dans la nature des
choses humaines que l'attaque obstinée
finisse toujours par l'emporter sur la résistance.

Telles sont les nouvelles idées que m'a
suggérées l'examen sérieux de la nécessité d'une réforme. Au premier abord elles
sembleront en désharmonie avec les prin-
cipes politiques que j'ai long-temps profes-
sés, et pourtant c'est une erreur, car tout
en vouant un respect profond à la monarchie constitutionnelle, je n'ai jamais cesse
de réclamer l'extension des libertés élec
torales et municipales (1). Je crois à l
royauté héréditaire, mais je crois aussi aux
institutions libérales, aux améliorations
progressives. Je crois à l'avenir de la réforme, parce qu'elle commence à n'être plus
seulement le cri d'un parti, et en me ran-
geant par conviction sous son drapeau je
n'ai pas déserté pour cela la cause sacrée

(1) *Journal du Loiret*, années 1828, 1829, 1830 ; *Garde National
du Loiret*, années 1831 et 1832.

du trône, cette cause que j'ai défendue de tout mon pouvoir avant et pendant la révolution de juillet (1). Comme dans mes croyances l'élément monarchique peut s'allier, avec des conditions voulues, à l'élément démocratique, je veux rester à la fois libéral et royaliste. Ma devise sera toujours le roi et la liberté, car avec l'un je ne crains pas l'autre. Si pourtant je rencontrais des hommes qui voulussent abuser de cette liberté que j'aime pour attaquer la monarchie, je n'hésiterais pas à les repousser de toutes mes forces, et cette pensée prédominante expliquera ma conduite aux élections prochaines. Je préfère reculer de dix ans encore la réforme que je désire plutôt que de l'obtenir au prix de notre tranquillité intérieure. Avant tout je veux le maintien de la dynastie de Louis-Philippe, et je chercherai dans mon candidat des garanties pour ce maintien, quand bien même je n'en pourrais obtenir une profession de foi aussi avancée que la mienne. Arrière celui qui, par la fougue de son caractère et de

(1) *Journal du Loiret*, numéros des 8 juillet et 5 août 1830.

ses opinions, ne verrait dans la députation qu'un moyen d'entraver la marche du gouvernement et de l'administration; arrière celui qui, s'avouant l'élu d'un parti en guerre ouverte avec la royauté, veut aller plus loin que la réforme électorale et parlementaire. Sans doute il est à regretter de ne pas rencontrer dans notre département un plus grand nombre d'hommes énergiques qui comprennent l'alliance des idées monarchiques et libérales; mais tels que se présentent aujourd'hui nos choix, ils ne peuvent être douteux. D'un côté l'ordre avec le sacrifice momentané peut-être de quelques droits électoraux qui ne perdront rien pour attendre, de l'autre une opposition systématiquement hostile, rancunière, et qui verrait dans le désordre un moyen de parvenir. Electeurs, la royauté violemment menacée vous demande des défenseurs; quant à la liberté, nous saurons bien la défendre nous-mêmes.

Orléans. — Imprimerie de DANICOURT-HUET. I